El legado del Fuego

MAYE QUINTANILLA

El legado del Fuego
D.R. © 2023 | Maye Quintanilla Tapia
Registro: 03-2023-110710405100-01

Diseño de exteriores: Punto Editorial / Andrea Guerra
Diseño de interiores: Punto Editorial / Francisco Rivera

Punto Editorial
Vía Lazio 419, Col. Joyas de Anáhuac
C.P. 66055, General Escobedo, Nuevo León, México
www.puntoeditorial.com.mx

Hecho en México

Índice

Agradecimientos

Muchas veces, al decir "gracias" he sentido que la palabra me queda corta para expresar el verdadero agradecimiento que hay en todo mi ser, pero hasta hoy no he encontrado otra palabra que sea más grande y poderosa, es por eso que me rendí a la simplicidad y belleza de esta palabra.

Gracias, porque has creído en mí, aun y cuando a veces yo no lo hacía.
Gracias, porque has estado junto a mí en los peores incendios de mi vida.
Gracias, porque me amas y sostienes.

Gracias a todos mis maestros de vida.
Gracias a las mujeres de mi vida: mis hijas, *Andrea* y *Mariana*, que son el amor de mi vida; mi madre, *María Guadalupe*, que es todo lo que yo quisiera llegar a ser; mi hermana, *Tere*, porque nuestro amor ha logrado vencer el tiempo y la distancia; mis cuñadas, *Mely* y *Lily*, por ser verdaderas hermanas; mis *amigas* y *comadres* que sería imposible nombrar, por ser la mejor parte de

la vida y con quienes comparto aventuras, risas, llantos, viajes y cada recuerdo que me alegra el corazón.

A estas mujeres que han sido tan fuertes y poderosas, que no sólo son ejemplo, sino apoyo e impulso, las amo con todo mi ser y no me cansaré de decirles lo increíbles que son.

Gracias a mis hermanos, *Beto* y *Luis*, que son maravillosos y los amo profundamente.

Gracias a *mi padre* que, desde el otro lado, sigue siendo un amor vigente que me da valentía.

Dedicatoria

A ti que estás o estuviste en un incendio,
que deseas dejar de estar en modo supervivencia
y que, tal vez, aquí encuentres alguna luz
que te pueda guiar,
para comenzar a bailar con la vida.

Introducción

Los incendios son parte de la vida de todas y todos, son inevitables.

Existen dos maneras de vivirlos: sepultarnos en sus cenizas y pasarnos el resto de la vida lamentando lo que ya no tenemos, o aprender de ellos y dejar que las semillas que sólo pueden germinar con el intenso calor de un fuego, germinen y den fruto.

A mis 60 años, he vivido varios, algunos más intensos que otros, algunos más grandes que otros, pero todos son igualmente devastadores.

Sin embargo, **yo decidí aprender de ellos.** Busqué apoyo terapéutico, maestros de vida, mentores, cursos, grupos de apoyo, libros y toda herramienta que me ayudara a continuar caminando más fuerte, más ligera, y lo que más deseaba: con paz interior. No puedo decir que lo he logrado por completo, porque este caminar no termina hasta que termina la vida, pero he disfrutado mucho transitarlo.

Desearía tanto que ustedes no tuvieran que enfrentar incendios en sus vidas para que sus semillas pudieran germinar, ya que pueden crecer de forma natural sin necesidad de incendios avasalladores, porque tenemos el poder de cultivar todo lo maravilloso que ha sido depositado en nuestro interior. La cuestión aquí es empezar, y para eso necesitamos una chispa, un deseo ardiente por iniciar y tomar las riendas del cambio. Especialmente, porque todos estamos necesitando de eso que sólo tú y yo podemos aportar a este mundo espectacular.

En este libro, que casi puede ser un cuento, te platico algunos de mis grandes aprendizajes.

No tengo la más remota intención de convertirme en una guía en tu vida, porque apenas y puedo guiarme a mí misma, y cada camino es personal.

Para ser muy sincera, lo escribí como catarsis, pero al compartirlo con amigas y familia, me motivaron a que lo publicara. Los que me quieren, me dicen: *"Puede ayudar a otros"* y, aunque esa no es la intención final, pudiera, si tú así lo decides, ayudarte en la supervivencia de tus incendios y llevarte a una hermosa cabaña con amplios pastos verdes en donde puedes cabalgar con total libertad.

Es por esto que me gustaría comenzar con este pequeño cuento de un autor libanés que me llevó a poner los pies en la tierra.

Quiero mostrarte este material con el corazón, sin pretensión alguna, simplemente por el placer de caminar juntos.

Espero que lo disfrutes tanto como yo lo hice.

Había una vez un hombre que poseía
todo un valle lleno de agujas.
Y un día, la madre de Jesús acudió a
aquel hombre y le dijo:
—Amigo mío, la túnica de mi hijo se rasgó,
y tengo que remendársela
antes de que salga para el templo.
¿Quieres darme una de tus agujas?
Pero, en vez de darle la aguja,
aquel hombre pronunció un erudito discurso
acerca del dar y del recibir,
para que María se lo repitiera a su Hijo
antes de que éste saliera para el templo.

DEL DAR Y EL RECIBIR
Ŷibrān Jalīl Ŷibrān
Poeta, pintor, novelista y ensayista libanés

No pretendo ser quién de un erudito discurso,
yo solo quiero ser la aguja,
ese pretexto para un encuentro.

Prólogo

"Conocer el amor de los que amamos,
es el fuego que alimenta la vida".

Pablo Neruda

Y si ese amor no es de esa persona que miramos todos los días en el espejo, de esa persona que somos y con la cual conversamos todos los días de nuestra vida, que es: nosotros mismos, sin duda alguna, termina siendo más que fuego, un frío gélido que nos congela, que nos paraliza, que nos aísla de lo humano y que nos lleva por linderos y senderos que trascienden la capacidad de vivir, que nos coloca en la supervivencia eterna de la búsqueda del afecto que no llega, en la búsqueda de aquellos logros que nos faltan, en la búsqueda de aquello que no somos para cumplir expectativas ajenas.

El Legado del Fuego, por **Maye Quintanilla**, nos recuerda que el fuego que nos construye, que nos cocina, que nos crea, viene de adentro hacia afuera, y que cuando es en exceso, termina quemando, incendiándolo todo. Cuando viene de afuera hacia adentro, no es fuego, es incendio. Cuando no resuena con nuestra chispa vital, termina siendo más que fuego, una pantalla, la cual se ve bonita, mas no calienta absolutamente nada.

El Legado del Fuego nos recuerda que ese fuego es para encendernos y, de esa forma, encender a otros. Un fuego realmente no se desgasta por encender, un fuego no se desgasta por ver e iluminar absolutamente todo, mas sí quema y destruye cuando no sabe administrarse o gestionarse.

El Legado del Fuego nos recuerda que estamos aquí para vivir una vida compartida y que viene de una historia conmovedora que no solamente es conmovedora por cómo se cuenta, sino por quién la cuenta.

El Legado del Fuego no es solamente una historia bien contada, es una historia legítima, porque puede ser la historia autobiográfica de todos nosotros. De una manera simple, sencilla, cercana, nos conecta con eso, que es nuestra vida cotidiana, y que hace de ella la posibilidad de construir con herramientas prácticas ese fuego que nos permita hacer de nuestra vida, la mejor cocina, la mejor fogata alrededor de la cual todos nos sentamos para sentirnos en hogar y contar nuestras mejores historias.

El Legado del Fuego termina siendo una historia que nos cuenta la historia de alguien y que nos permite hacer historia con nuestra historia. Desde acá, les deseo que su fuego se encienda y que, sin duda alguna, encienda el fuego de otros sin quemar a nadie.

Maickel Melamed

Reconocido como mensajero de Paz en Naciones Unidas,
Mentor estratégico, Economista, Escritor, Conferencista,
Maratonista entro otros logros

Capítulo 1

Incendio

"No pretendas apagar con fuego un incendio, ni con agua una inundación".

Confucio, filósofo chino

Comienza una chispa en medio del campo, nadie la vio ni escuchó, ni tampoco la esperaban.

Mientras la **chispa** de fuego comenzaba a tomar forma, la vida seguía como se conocía, hasta se podía planear un futuro.

La chispa de fuego cobraba más fuerza hasta que, de un momento a otro, fue **incontrolable**, se convirtió en un incendio poderoso.

Los animales corrían tratando de encontrar refugio, se escuchaba el crujir de los enormes árboles a punto de desmoronarse, todo era humo y fuego.

En la noche, desde lo alto, se podía ver su **mapa de destrucción** con detalle. Puntos rojos —algunos más grandes que otros— marcaban las áreas que se devastaban y eran convertidas en cenizas.

El fuego es poderoso, ¡entre más fuego, más fuerza! Uniéndose largas lenguas rojas y naranjas para llegar casi a un violeta que se dividía como un **dragón de mil cabezas**.

Los habitantes imploraban por la lluvia, pero el cielo estaba cerrado y no escuchaba, tan solo cambiaba su celeste por un mosaico de grises.

Poco a poco, y mucho a mucho, el **Incendio** se levantaba majestuosamente, acabando con lo que se conocía como vida.

Cuando terminó, solo quedaban humo y siluetas oscuras, del suelo emergía calor, se podía sentir la muerte de un campo que había sido hermoso, lleno de color.

Estar ahí, en medio del Incendio, era aterrador, te paralizaba los sentidos, el alma se contraía, y las lágrimas no eran suficientes.

Los otros, al igual que tú, parecían **espectros, llenos de hollín**, sin poder respirar, con miradas perdidas, porque es tan doloroso ver y respirar la muerte. Muchos huyeron, es supervivencia nata, solo permanecimos los que no teníamos opción de correr, porque ese fuego, ese Incendio, era nuestro.

Pasó mucho tiempo antes de que yo pudiera hablar de esto porque, aunque yo no inicié el incendio, era parte de él.

Hoy, ya que el fuego terminó, cuando ya no quedó ni una chispa viva, he visto un pequeño retoño de un verde tierno que se abre paso a través de un tronco que parece muerto porque, aunque pareciera así, no todo fue destruido, más bien fue transmutado.

Los incendios ocurren a nivel del suelo, remueven arbustos y la hojarasca, pero a la vez liberan nutrientes que hay en el mismo y proporcionan sustrato para las semillas, incluso existen semillas inactivas que necesitan del fuego para su germinación, a esto se le conoce como **"El legado del Fuego"**.

Esto ocurrió en mi vida, y aquí te cuento lo que he descubierto y lo que sigo aprendiendo, después del gran incendio.

He tenido varios incendios, unos más grandes que otros, pero todos avasalladores: la muerte de mi papá, desempleo, enfermedad, la ruptura de una promesa de amor eterno, machismo, tres abortos espontáneos, y otros más pequeños que son comunes para todos nosotros.

No importa el tamaño del incendio, al final, todos hacen estragos.

Capítulo 2
La chispa

"Si piensas que la aventura es peligrosa, prueba la rutina. Es mortal".

Paulo Coelho

Mientras la vida corría de forma rutinaria en un aldea del bosque, en un lugar cercano se provocaba una chispa. La chispa surge del roce de dos objetos que, al entrar en contacto, produce un efecto que no hubiera podido ocurrir sin ese roce. Las chispas pasan inadvertidas, esa es su gran cualidad, porque si alguien se percata de que una chispa acaba de comenzar, dejaría de existir. Pero a las chispas que causan los grandes incendios no las ves venir.

En esa aldea, una mujer trabajaba como de costrumbre en sus quehaceres diarios. Todo parecía ir de maravilla, se sentía satisfecha con su vida, pues había sido, hasta ese momento, tal y como la había soñado. Incluso, pensaba en su futuro construido con trabajo y esfuerzo y sentía que se había cimentado sobre piedra firme, ya que había dicho y hecho todo lo que sus ancestros le habían enseñado, seguía las Escrituras al pie de la letra con la promesa de que, al seguir el sendero del bien, todo lo demás se daría por añadidura. Y no había por qué cuestionarlo, ni siquiera se le había ocurrido hacerlo, ya que a todas las generaciones anteriores —al menos ella pensaba— seguir ese camino les había funcionado de maravilla.

La mujer, además, era conocida en la aldea como una mujer de Dios por dedicar gran parte de su tiempo a compartir sus enseñanzas, tenía buenas amigas con quienes compartía la crianza de los hijos, sentía que era buena hija, buena hermana, buena esposa, buena vecina... Lo que nunca imaginó, ni en sus peores pesadillas, era que todo lo que tenía, todo lo que había construido, podía cambiar de un momento a otro.

Esa mañana, se levantó como siempre, tenía planes de hacer pan y plantar tomates en su pequeño huerto, ya que una plaga había consumido los que ya estaban a punto de dar fruto.

Nadie en la aldea pudo darse cuenta de que, muy cerca de ellos, había nacido una chispa, una chispa que tenía toda la intención de crecer lo más que pudiera para convertirse en un gran incendio.

Mientras ella se encontraba de rodillas, plantando los tomates, vio cómo frente a ella pasaban corriendo animales del bosque, pensó que se trataba de alguna tala —que últimamente era común—, pues los hombres querían construir nuevas áreas habitacionales y estaban acabando con el bosque.

De pronto, escuchó gritar a sus vecinos y percibió un olor a quemado que sacudió todo su cuerpo. No tuvo tiempo de reaccionar y, cuando menos lo esperó, el incendio ya estaba tocando la puerta de su casa, consumiendo su hogar. Intentó tomar agua de una tina y ahuyentarlo, pero era más grande que ella y que todas las fuerzas que pudiera reunir. Corrió con sus vecinos, pero todos estaban tan asustados como ella. Salió gritando por las calles, intentando que algo, alguien, lo que fuera, la auxiliara, sin encontrar consuelo o apoyo.

Trató de ponerse a salvo, pero era muy tarde, el incendio había llegado y consumía implacablemente todo lo que era conocido para ella. Aun así, por alguna razón, ella no se quemaba, solo se convertía en una sobreviviente del incendio.

Cuando todo había terminado y su hogar se había convertido en cenizas, apretó sus puños y, con toda la rabia que era capaz de sentir, fue en busca de la chispa que había sido la causante de este desastre. Quería verla cara a cara, quería cuestionarla, necesitaba explicaciones que en su cabeza no aparecían por ningún lado.

¿Cómo era posible que una chispa ocasionara un gran incendio en un dos por tres y acabara con la vida que por tantos años construyó?

Así que, sin escuchar a quienes le gritaban que no se moviera, se adentró al bosque en busca de la chispa.

Y la encontró.

ENTREVISTA DE UNA DE LAS SOBREVIVIENTES A UNA CHISPA OCASIONADORA DE INCENDIOS

— ¡Hola, chispa! ¿Estás consciente de cuánto daño me has hecho? Estoy tan enojada porque mi vida cambió por completo, porque no tengo lo que tenía, porque acabaste con todo lo que conocía, y no comprendo en qué momento se te ocurrió llegar a mi vida.

— Mujer, yo no tengo la culpa de existir, yo simplemente soy provocada, en un momento exacto, bajo circunstancias que se suscitaron intencionalmente o no, pero sucedieron, ¡y listo! Sin más explicaciones.

Te he sido útil muchas veces. Cada vez que enciendes la estufa, yo soy quien proporciona el calor para que puedas cocinar. Cada vez que otros salen de campamento, pasan horas frotando dos ramas hasta que me aparezco, porque necesitan calentarse, porque están a oscuras en medio de la nada, porque desean mi compañía. Y ni hablar de los primeros humanos que hicieron un baile muy extraño cuando por accidente me vieron nacer, y eso les cambió la vida. Ahora, podían protegerse del frío, podían asar los animales que cazaban, hasta podían ahuyentar a quienes los atacaban. ¡Apuesto a que no habías pensado en todo esto!

Para muchas personas he sido muy útil, incluso para ti. Tu enojo no debe estar en que yo exista, sino en que no me esperabas, y tú estás acostumbrada a controlarlo todo.

— ¿Cómo te atreves? ¿No terminas de ver la destrucción que has dejado en mi vida? ¿Ahora te atreves a culparme a mí?

– ¡Alto, alto! Yo no te culpo, tú lo haces... y es tan innecesario, sólo te lastimas más y más. Mira, mejor déjame contarte algo, ¿sabes cuál es mi propósito?

— ¡Achicharrar todo lo que tocas!

–Transmutar. Transmutar es mi misión. Todo lo que toco, al ser "achicharrado" como tú mencionas, se transforma. Y esa transformación depende de ti. Me explico mejor: en qué quieres que se transforme lo que yo he transmutado, ¿en una desgracia o en una oportunidad? ¡Tú eliges! La decisión de la transformación está en tus manos.

Para mí, es inevitable transmutar todo lo que toco, aunque no quiera hacerlo, esa es mi esencia. Yo no puedo elegir, pero tú sí puedes hacerlo. ¿En qué quieres transformar esa transmutación?

El progreso, escúchame bien, el progreso es lo único que hace sentir vivo al ser humano, es lo que lo hace levantarse cada mañana para buscarlo, porque cuando lo obtiene, experimenta un gozo indescriptible, porque se siente vivo.

Ustedes los humanos son seres evolutivos, eso no hay que probarlo, solo recordarlo y tenerlo muy presente en el día a día, porque olvidan que el cambio es parte de sus vidas. ¿Por qué se aferran a un lugar seguro, en vez de aferrarse a la realidad de que todo cambia?

Es la verdad y nada más que la verdad, porque todo lo que estoy diciendo tú ya lo conoces, todos lo conocen, todos lo saben, pero no lo tienen presente, es decir, no lo hacen consciente. Lo sé porque estoy en muchos lugares, muchos más de los que te imaginas, y puedo escuchar sus conversaciones, porque ustedes me invitan a ellas.

Por ejemplo, es muy común que, en un momento de soledad, una señora me pida ayuda para encender un cigarro y melancólicamente la escuche decir que, por más esfuerzos que hace, no logra tener el peso que tenía a los 20 años.

O también, mientras les ayudo a encender la chimenea, comprendo que esa pareja que vive en esa casa ya no tiene las mismas conversaciones que cuando estaban recién casados, ahora se lamentan porque sus hijos irán a la universidad y volverán a estar solos.

Y todo esto serían magníficas noticias si no vivieran añorando el pasado que ya no existe.

El pasado es obsoleto, en eso consiste la evolución, y la evolución lleva al progreso.

Quizás, ya no recuerdes cuando diste tus primeros pasos y aprendiste a caminar, cuando comenzaste a tener independencia y no necesitabas más que un adulto te llevara de un lado a otro, tú podías elegir a dónde querías caminar. A los adultos que te cuidaban los traías vueltos locos, procurando que no te fueras a caer, pero todos estaban felices porque estabas siguiendo el curso natural de lo que hace un ser humano. No esperaban que te quedaras en una cuna por el resto de tu vida, esperaban que tuvieras autonomía.

Durante toda tu vida has dado pasos para lograrlo, y ahora te veo con más miedo que cuando eras bebé. Ahora, pataleas y haces berrinches porque la vida te cambió. ¿Qué esperabas, que siempre fuera igual?

— *¡Ya basta! Para ti es muy fácil decirlo porque no acabas de perder todo lo que tenías, pero yo* *no sé qué hacer, no tengo fuerzas para comenzar de nuevo, ni siquiera sé por dónde comenzar.*

—Muy bien, mira, las chispas no tenemos mucho tiempo de vida y la mía está por terminarse. Tú sigue enojada, haciendo berrinches, y cuando estés lista para hablar de nuevo, ya sabes lo que tienes que hacer.

Antes de irme, solo quiero que pienses en esto:

Hoy tienes ante ti una oportunidad enorme de aprendizaje, hoy puedes comenzar de nuevo y abrir tu horizonte a nuevas maneras de vivir, hoy tienes el privilegio de poner en práctica tu capacidad de adaptación y evolución para progresar.

Te vas a sorprender de lo mucho que puedes lograr cuando estés dispuesta a comenzar a vivir como adulta y no haciendo berrinches de niña chiflada.

La chispa quería seguir hablando, pero se fue apagando y solo quedaba un chillido en el que desaparecía, también, su voz.

La mujer se quedó viendo fijamente lo que había sido una pequeña chispa que había iniciado un gran incendio, pero ahora solo se había perdido en las cenizas.

Apretó las manos y casi las hace sangrar por la fuerza con la que lo hacía. Quedó perpleja, lejos de tener explicaciones a lo que acababa de pasar, la chispa ocasionadora de un incendio devastador solo hablaba de evolucionar, de adultez y de adaptación.

¿Qué es esto?

¿Dónde quedó el porqué sucedió lo que sucedió?

Se preguntaba y, al mismo tiempo, se sentía tan llena de hollín que ni siquiera podía pensar con claridad, sólo quería respuestas a sus muchas preguntas y no grandes discursos sobre cómo le era útil el fuego.

Capítulo 3

El cielo estaba cerrado

"Eres libre de creer lo que quieras,
y tus actos dan testimonio de lo que crees".

Un curso de milagros

Con la cabeza torcida hacia atrás, llena de hollín, la mujer fijaba su mirada en busca de una señal.

Cuando hay un incendio de esa magnitud, el humo es tan espeso y negro que, aunque fuera de día, pareciera que es una noche cerrada sin estrellas ni luna.

¡Dios mío! Se escuchaba por todos lados, con lágrimas, con enojo y rabia, con dolor, desesperación... Clamaba al cielo de todas las formas y maneras que existen y, simplemente, el cielo no escuchaba. Se sentía un desamparo profundo, como si padre y madre hubieran cerrado sus corazones, casi se podía tocar la línea diminuta que separaba a la razón de la locura. Su mente buscaba en todos los archivos posibles respuestas que pudieran justificar esta desgracia y pareciera que nada tenía sentido. Desolación, tristeza, dolor, cenizas... todo reducido a cenizas.

Ver que otros sufren como ella y no tienen a nada ni a nadie para consolarles es lo más desesperante, porque se han quedado vacíos.

Mirar a los que huyen porque tienen forma de hacerlo, todavía hace el vacío más profundo.

Y los que están cerca no tienen forma de ayudarles, porque nunca han vivido ni entienden lo que es un gran incendio.

Reina el silencio y la soledad, *¿por dónde comenzar?, ¿qué sigue?, ¿quién me sostiene?* Miles de preguntas como estas, incluso se pregunta si las preguntas son correctas, todo está de cabeza, los pensamientos son incongruentes.

La mujer llena de hollín continuaba de pie, con la cabeza mirando al cielo y los brazos extendidos a la altura de la cadera. Destacaban en su rostro algunos surcos de las pocas lágrimas que quedaban y que, al correr, dejaban ver el color de su piel. Casi sin darse cuenta, porque fue tan sólo como una brisa, algo, alguien, la tomó intacta y la llevó hacia arriba, como si de pronto estuviera en lo alto de una montaña, no tan grande que le impidiera respirar, solo lo suficiente para cambiar de perspectiva.

Luego, sintió el aleteo de un águila que pasaba por ahí. Muy asustada, abrió los ojos de golpe y la luz le cegó por un momento, pero sus pensamientos, esos sí que estaban lampareados, y antes de siquiera pronunciar alguna palabra, se escuchó la voz de una anciana que, por la ubicación de su voz, debería estar junto a ella, pero no se veía absolutamente nada.

La voz de la anciana es cálida, aunque no muy dulce, más bien clara y determinada. Algunos hubieran dicho que se parecía a la de las mujeres que habitan al norte de México y que las llaman ***"regias"***.

— Tranquila, estás bien, no trates de entender, porque tu mente no lo logrará. Estás en las alturas, como si estuvieras en una montaña, pero no existe tal montaña. Tampoco te vas a caer. Existen leyes físicas que todavía no alcanzas a comprender y que en este momento no vamos a explicar. Yo estoy contigo, aunque no puedas verme o sentirme, pero he permitido que escuches claramente mi voz.

La mujer del incendio trataba de asegurarse de que estaba protegida porque, aunque tenía la sensación de estar en una montaña, como si estuviera tocando tierra, no veía absolutamente nada debajo de ella, pero al mismo tiempo no sentía que estuviera en peligro, entonces, se concentró en lo que la voz decía.

– ¿Puedes ver el incendio?

La mujer asintió con la cabeza.

– Si lo ves con atención, es cierto que las nubes son tan espesas que, estando ahí abajo,

no puedes ver el cielo, pero si cambias de perspectiva, ahora te encuentras en una altura superior a las nubes. ¿Te das cuenta de ello?

La mujer, por segunda vez, asintió con la cabeza.

La voz comenzó a reír de emoción, como cuando una madre ve cómo su hija aprende a montar la bicicleta, mientras veía cómo en el rostro de la mujer se comenzaban a despejar las preguntas que ni siquiera sabía que eran las preguntas correctas.

— Ahora, quiero que mires hacia allá.

Dijo esto, señalando un punto lejano (y aunque no tenía un cuerpo como todos lo conocemos, la mujer del incendio entendió hacia dónde tenía que voltear y lo hizo). Un poco más lejos de donde había sucedido el gran incendio, se encontraba un gran lago rodeado de abundante vegetación, se podía respirar el verde de los árboles y lo fresco del lago.

— Ahora, hacia allá.

Y se encontraba con el azul de un océano profundo en donde ballenas, delfines y tortugas navegaban con parsimonia y elegancia.

— Y más allá.

Y se podían ver grandes praderas, ríos, cascadas, venados, montañas.

– Y todavía más allá.

Y se levantaban majestuosamente los glaciares, los lobos marinos y las focas.

— Ya entendí — dijo la mujer mientras se sonaba la nariz para sacar el hollín que llenaba sus pulmones y trataba de tomar aire fresco—. Quieres que deje de ver mi pequeño mundito y comience a ver muchas más posibilidades, está bien, pero no entiendo qué puedo hacer con mi tragedia, me he quedado sin nada, ¿entiendes? ¡Sin nada! No tengo hogar ni pertenencias y no se cómo puedo relacionar que hay otros lugares maravillosos, lejos de mi incendio.

La voz femenina sonrió —no me preguntes cómo, pero lo hizo—.

– Necesitas moverte... Avanzar.... En tu incendio ya no hay más que hacer, pero no es lo único que existe. Siempre puedes comenzar de nuevo, porque te tienes a ti y me tienes a mí.

— ¿A ti! ¿Cómo te atreves! Si me amaras, nunca hubieras permitido que sucediera el incendio.

No le importó que estuviera en las alturas de una forma extraña y que la voz de la mujer pudiera enfadarse y de un solo empujón hacerla caer nuevamente al incendio, simplemente salió el reclamo lleno de dolor por la traición que sentía. Y continuó:

> *— Yo siempre me porté bien, seguí tus reglas tal y como las pedías, no le hice daño a nadie, te dediqué cada domingo al ir a tu Templo, fui obediente a tus enseñanzas, en cada oración pedí tu protección, ¿y así es como me pagas? ¡Quitándome todo! ¡Yo te amaba y creí que tú también lo hacías! ¡Yo confié en ti!*

Ahora sí, la mujer llena de rabia lloró por primera vez desde el fondo de su ser.

> *— El incendio me quitó lo material, pero tú me quitaste la confianza y la fe.*

Se hizo un silencio profundo, como si el tiempo se hubiera detenido, dando espacio a que todo el coraje y reclamo saliera del cuerpo de la mujer incendiada.

> *– Hermosa –dijo con voz dulce– dime todo lo que quieras, porque a mí no me hace daño, sin embargo, esos sentimientos te están carcomiendo a ti. Pero necesitas entender algo muy importante.*

Y continuó diciendo:

— Yo soy Amor, solo sé dar amor y mi única naturaleza es el amor. Ustedes han intentado entenderme de muchas maneras a lo largo de toda la humanidad, han construido reglas, dogmas, libros sagrados, rituales para ganar mi amor y sentir que yo les correspondo, pero como yo soy el Amor, no necesito que este sea retribuido, porque mi Amor es incondicional. Por esto sientes que, al haber sido obediente a lo que te enseñaron para granjear mi amor, yo te debo. Y no es así. Yo te amo con el amor más puro a cambio de nada, solo porque existes.

Esta verdad ha sido comunicada a través de diferentes profetas, videntes, iluminados, incluso mi hijo: el Cristo, la han explicado de muchas formas y métodos, pero siempre termina desviándose el mensaje, y lo entiendo, porque el ser humano todavía no despierta a mi Amor. Para que me entiendas, en un ejemplo muy sencillo, una persona puede creer que ve bien, y no es hasta que usa lentes que se da cuenta de que todo lo veía borroso y no se percataba de la realidad. Así, ustedes todavía no usan los lentes adecuados para que puedan ver mi Amor.

Existe tanto en su lenguaje cotidiano que lo dicen sin pensar y lo repiten tantas veces que se vuelve parte de sus ***creencias*** *que se convierten* *en **pensamientos** y que muestran en **acciones**. "Si Dios quiere", "Si Dios permite", "Si Dios provee" ... Y yo los amo en libertad absoluta, ni quiero o no quiero, ni permito o no permito, ni proveo o no proveo; simplemente, los amo. Me han asignado un papel de verdugo al creer que pongo "pruebas" que necesitan atravesar para fortalecer su fe, pero yo no necesito que me prueben nada, yo los amo solo por el hecho de existir. Tal vez sea tan difícil comprender mi naturaleza, porque en su sueño han albergado dos pensamientos que los alejan de mí: culpa y miedo. Culpa por alejarse de mí, y miedo por no regresar a mí, pero realmente nunca se han ido, siguen conmigo.*

***"Ustedes son seres espirituales que están teniendo una experiencia humana"**, así lo dijo uno de mis hijos, mi querido Pierre, tan inquieto que se convirtió en un gran buscador de respuestas, cuánto lo amo, y lo dijo muy bien. Cuando comprendan que su esencia única es espiritual y no humana, se darán cuenta de que todo lo que viven y que yo no decido, designo ni provoco, son experiencias que los llevan a que su humanidad se vaya permeando de lo que en verdad son: una parte de mí, ustedes son Amor incondicional, tú eres Amor, tu esencia, tu naturaleza, tu belleza está en ser Amor, porque vienen de mí y regresarán a mí.*

— Wow, te estás poniendo muy intensa, y tengo tanto hollín en mi cabeza que no logro comprender todo lo que me dices. En resumidas y sin tanto rollo, ¿por qué no evitaste que viviera el incendio?

— Muy bien, vamos a contestar tu pregunta. Por ahora, me conformo con que esta información ya quedó sembrada, aunque en tu cabeza está revuelta con el hollín que inhalaste, cuando estés más tranquila, podrás comenzarla a digerir.

Suspiró y continuó diciendo:

— La vida humana está regida por las leyes de la vida (las de la física, química, biológicas, genéticas) y todas ellas dan a la vida humana una serie de cursos o eventos que transcurren porque interactúan unas con otras, porque así se desarrolla, como dije, la vida. Cada persona que nace tiene un tiempo de vida y muerte. Yo no provoqué la muerte, no tengo nada que ver con eso, es la vida, es la naturaleza del ser humano. Yo no hubiera podido evitar tu incendio si no hubiera aparecido esa chispa intencional que contó con todos los elementos necesarios para provocarlo. Incluso, puedo decirte que los incendios son necesarios para dar paso a un ecosistema saludable, pero eso no lo vas a entender en este momento.

Lo que quiero que veas y comprendas es que tú eres más que un incendio, que el incendio no define tu vida ni lo que puedes ser, que eres capaz de vivir el incendio, limpiarte el hollín, aprender de él, y continuar tu camino. Esto sí lo entiendes, ¿verdad?

La mujer llena de hollín, que ahora ya tenía rostro por tanto que había llorado y esas lágrimas habían limpiado su cara, intentó mirar cara a cara a su interlocutora sin rostro, pero solo sintió un cálido abrazo de amor que derritió toda duda que hubiera quebrado la confianza en quien más amaba.

Limpió sus ojos y, cuando los abrió de nuevo, se encontraba junto a las cenizas que alguna vez habían sido su hogar, pero ahora lo veía diferente.

Algo había cambiado y no entendía muy bien qué era.

Capítulo 4
Incontrolable

"La verdadera sabiduría es la renuncia al juicio".

David Hoffmeister

La mujer que había subido a una montaña, que no era montaña, se encontraba nuevamente de pie junto a las cenizas de su hogar. Sintió que esa experiencia que acababa de vivir era un sueño y ahora se encontraba de regreso en la realidad.

Un señor ya entrado en años, vecino de la mujer llena de hollín, comenzó a patear las maderas ennegrecidas y furiosamente exclamaba:

— ¡Qué mala suerte tengo! ¡Esto es lo último que me faltaba! Toda mi vida he trabajado para tener lo que tenía y hoy no tengo nada, absolutamente nada, solo pedazos de carbón. Es imposible que yo pueda volver a hacer todo lo que había construido. Esto es lo peor que he vivido en mi perra vida —y seguía pateando lo que se encontrara a su paso mientras daba círculos y se agarraba la cabeza de desesperación—. Tanta dedicación, tanto esfuerzo,

todo reducido a cenizas, ¡no es justo! ¡Jamás podré reponerme! Esto que hemos vivido debió haber sido provocado por alguien que nos odia, alguien que nos envidia, alguien que no soporta que existan personas buenas y trabajadoras, y tiene como misión destruirnos. Qué coincidencia, ¡ahora que tengo tanto trabajo! Estoy tan ocupado que no sé cómo encargarme de este desastre. ¡No es justo en ningún sentido! Pero no voy a parar hasta encontrar al verdadero responsable y hacerlo que pague con lágrimas todo lo que nos ha arrebatado.

Una mujer que se encontraba sentada sobre un bloque distorsionado se agarraba la falda y la sobaba, una y otra vez, llorando desconsolada mientras temblaba de miedo.

— No encuentro otra explicación más que la brujería, esto debió ser obra de algún espíritu maligno, no puedo entenderlo de otra forma. ¿Quién en su sano juicio podría iniciar un incendio como este? Yo lo sabía, lo sabía y no hice nada, ayer vi un cuervo negro y lo escuché gruñir cuando salió volando, esa era la señal, un mal augurio. Y yo tengo la culpa, porque este año no le puse su veladora al Santo Niño, nos ha de haber quitado su protección, ¿y ahora qué podemos hacer? Nadie puede enfrentar a la encarnación del maligno, mucho menos ahora que traemos encima brujería de la mala y todo va a ser calamidad. Esto es verdaderamente un valle de lágrimas. Ya estaba escrito y ahora se cumple, que nadie escapa al castigo.

Un niño que pasaba por ahí, mientras seguía a sus padres, se detiene a escuchar a la mujer y sus ojos crecieron tanto que parecía que se iban a salir de sus cuencas. El niño recordó todos sus pecados en un instante: cuando no le quiso prestar su juguete a su primo, cuando le dijo a su mamá que se había comido el pedazo de pollo y en realidad se lo dio a su perro. Recordó que, mientras el cura daba el sermón, se había quedado dormido y además se había salido antes de la doctrina porque no quería hacer la tarea. Pasó por su mente la maestra que lo regañaba porque no mejoraba la letra y a él no le importaba, el director de la escuela que les pidió en la asamblea que saludaran a la bandera y el sólo hizo como si la saludara... ¡Ay, Dios! ¡Cuántos pecados! Y ahora compartía la culpa con la mujer que se sobaba la falda mientras lloraba.

Mientras acomodaba toda la culpa en su corazón, se escuchó la voz de un hombre, el más inteligente del barrio que, haciendo eco con sus manos, los invitaba a reunirse. Él era un hombre importante, pues siempre lideraba las decisiones del vecindario, él sabía de leyes y de política, él conocía a gente importante.

— ¡Vengan todos! ¡Tenemos que hablar! ¡Junta urgente!

Cuando pudo tener la media atención de casi todos — porque en las cabezas de los que quedaban solo estaba el incendio, pero aun así se acercaron para ver si ese hombre inteligente encontraba una solución—, se puso de pie en el lugar más alto que encontró, una especie de pódium que, aunque quemado, le daba la altura necesaria.

— *¡Estamos frente a una desgracia! ¡Todos los que estamos aquí hemos sido afectados visiblemente por el incendio! ¡Esto debe ser un ejemplo, un escarmiento para todos y cada uno de nosotros! ¡Todos hemos contribuido de alguna manera para que el incendio se propagara tan rápido! ¡Me cansé de exhortarlos a no dejar basura tirada! ¡Hasta el cansancio les propuse que pusiéramos una alarma contra incendios! ¡Quise formar un comité de bomberos para que tuviéramos una estación! Nadie escuchó, nadie hizo nada. Por esto, ¡hoy nos encontramos desprotegidos y vulnerables, indefensos!*

Una voz, casi sin fuerza, se atrevió a decir:

— *Yo no veo que sea tan grave, seguimos teniendo nuestras tierras.*

Estas pocas palabras azuzaron el fuego que el hombre inteligente llevaba por dentro y ahora él era el incendio personificado.

— ¿Cómo te atreves a opinar tan positivamente? ¿Qué no ves en la postura en que nos encontramos? ¿A qué tierras te refieres, a estas que están calcinadas? Pensar así no nos llevará a buen puerto, seguiremos siendo conformistas, necesitamos ser inteligentes, es momento de agarrar al toro por los cuernos.

Propongo que hagamos comités, todos tenemos que participar: necesitamos un comité de inspección, otro de seguridad, uno más de reconstrucción, otro para establecer la normativa; incluso, podemos construir un albergue, un centro de acopio, tenemos que llamar a todos los doctores y enfermeras disponibles, avisar a los medios de comunicación para que informen de este desastre. ¡Todos tienen que saberlo! ¡Necesitamos un pueblo unido! ¡Necesitamos toda la ayuda posible!

Y mientras seguía con las estrategias y designaciones, poniéndose al frente de la organización porque era el más conocedor del asunto, la mujer llena de hollín se fue alejando poco a poco hacia el silencio.

Algo en ella había cambiado desde su viaje a la montaña que no era montaña, algo en su interior se negaba a escuchar al hombre entrado en años que solo maldecía, a la mujer que sobaba su falda y estaba segura de que esto se trataba de brujería, al hombre inteligente que proponía y proponía, al infeliz que se había atrevido a ver algo bueno en todo este asunto, al niño que acumulaba culpas, a los que no querían y no podían hacer nada, a los que querían hacer todo...

Nada de estos discursos resonaban en su alma.

Caminando, decidió buscar un lugar solitario en donde pudiera escuchar su voz interior, esa que algunos llaman *intuición*; otros, *Espíritu Santo*; y algunos más, *sexto sentido*. Cualquiera que fuera su nombre, tenía una gran necesidad de conectar con ese Amor que la había llevado a cambiar su perspectiva.

Era difícil encontrar paz en medio de toda esa tromba de emociones, gritos y lamentos.

Tan sólo al cerrar los ojos y respirar lentamente, comenzó a sentir una corriente de tranquilidad, como si su cuerpo comenzara a teñirse de azul y amarillo, de claridad y luz.

> *— Muy bien, querido incendio—dijo casi sin hablar—, ¿qué quieres de mí? Ya no te voy a cuestionar, quiero hacer las paces contigo, me hubiera gustado no haber vivido este incendio nunca en mi vida, pero ya estás aquí, ya llegaste. No quiero juzgarte, sólo quiero verme frente a ti, quiero aprender de ti. Si has llegado hasta mí, es momento de aprender una lección. Tengo mucho miedo porque no he vivido fuera de este lugar, no entiendo la vida de otra forma, pero hoy he visto que hay más lugares con vida y son igual de hermosos que este bosque donde he crecido.*
>
> *Sé que no será fácil, pero también sé que existe otra posibilidad, y es que me hagas más fuerte,*

solo así podré conocer de lo que soy capaz, lejos de mi bosque de seguridad.

Va a ser necesario un trabajo de reconstrucción, tendré que cambiar mi forma de ver la vida y entender que esa no era la única forma de verla, avanzaré en mis retos personales, tendré que despojarme de todo aquello que me protegía. Ahora estoy expuesta, así que llegó el momento de abrazarte con amor y dejarme llevar por la sabiduría que habita en mí para crecer.

Mientras decía esto, agarraba entre sus manos trozos de cenizas y las llevaba a su pecho, tratando de expresar con su cuerpo lo que hablaban sus labios y lo que su alma sentía.

— *No seré más una víctima. Seré una sobreviviente que aprendió de todo esto. No sé por dónde comenzar, pero sé que pondrás a las personas adecuadas en mi camino, sé que podré encontrar respuestas en todo lo que haga, y sé que vendrán grandes lecciones que, al final, serán oportunidades para que yo pueda ser lo que siempre soñé.*

El bosque entero, que ahora parecía sacado de una película en blanco y negro, guardó silencio ante este momento de aceptación, porque todos sabían, árboles, plantas, cenizas, aves, que esto es lo más maravilloso que puede vivir un ser humano.

La magia del amor encendía la chispa interior de la mujer llena de hollín.

Capítulo 5

Todo era humo y cenizas

“Cuando afrontas la ola sumergiéndote en ella, te darás cuenta que, por debajo de la ola, todas son del mismo tamaño”.

Maickel Melamed

Pasó el tiempo tan rápido que ya era todavía más oscura la noche. Por un lado, las enormes nubes negras que no terminaban de desaparecer, y por otro una noche sin luna, lo que hacía difícil identificar el camino de regreso.

Aun así, la mujer que comenzaba a limpiarse del hollín se puso en camino, ¿hacia dónde? Ya no importaba mucho, trataba de seguir avanzando.

De pronto, sintió que su pie tocaba una pieza dura, muy diferente a la hojarasca quemada que había quedado en el suelo. Trató de despejarla con el pie y se encontró con una placa de acero que no había sido dañada. Se agachó para entender de qué se trataba y sintió que tenía letras grabadas, pero era imposible verlas por la oscuridad tan cerrada que la envolvía.

Además, se dio cuenta de que podía cargarla, así que la llevó con ella hasta que pudiera entender lo que tenía escrito.

Mientras esperaba a que volviera la luz, trató de dormir un poco, pero su cabeza no dejaba de pensar en el incendio y cómo aprender de él. Se dio cuenta de que había comenzado un incendio interior que era, tal vez, más avasallador que el primero. Ahora, intuía que para perdonar lo que había sucedido, necesitaba reconstruirse, y al igual que en el exterior, todo era humo y cenizas en su interior.

Recordó todo lo que había soñado para ella cuando era niña y que con la rutina del día a día había postergado, vino a su mente su adolescencia aguerrida, en donde se sentía dueña del mundo, y no pudo encontrar el momento en que se había calcinado su rebeldía por el fuego del miedo. Recordó las promesas que se hizo cuando sus hijas nacieran, que les enseñaría a ser fuertes y valientes, a enfrentar las dificultades con integridad, a defender sus creencias, a recordar su misión: ser felices, y se percató de que, por mucho que lo hubiera intentado, no podía exigírselos porque ella no era feliz, porque había perdido la fuerza y valentía, entonces, el mensaje estaba llegando distorsionado. Recordó los planes que había construido con su esposo, especialmente el de permanecer siempre juntos hasta llegar a la vejez, entre la carpintería y la pintura, pero ese era otro incendio que había librado y que había consumido por completo las promesas. Vinieron a su mente tantas preguntas, entre ellas:

¿Quién soy en realidad?

¿En qué gasto mi vida?

¿Para qué sigo aquí?

Se dio cuenta de que no se reconocía, que no recordaba quién era, que había sido doblegada por las costumbres, la culpa, el miedo, la necesidad de pertenencia, y que se había perdido a sí misma.

Tantos pensamientos hicieron que llegara el amanecer más rápido de lo que esperaba, entonces sacó de sus ropas la placa de acero que no se había fundido por el fuego y leyó en voz alta:

Dios, dame serenidad para aceptar
las cosas que no puedo cambiar,
valor para cambiar las que sí puedo
y sabiduría para comprender la diferencia.

Reinhold Niebuhr

Más que una oración, parecía un instructivo para la vida.

Comenzó a desmenuzar cada palabra porque sentía en su interior que aquí estaba la primera llave que la llevaría a encontrar el agua pura que limpiaría su interior. Comenzó a desear que alguien pudiera explicarle el mensaje que había encontrado y, en menos de lo que canta un gallo, se fue acercando a ella cautelosamente un venado. Era un venado macho porque su cabeza estaba coronada por dos astas de doce puntas cada una, eran tan altas que pareciera que su corona estaba compuesta de grandes árboles que echaban raíz en sus sienes.

La mujer trató de no moverse para no espantarlo, ya que estaba inmortalizada por la belleza de semejante animal, pero el venado macho no intentaba huir, por el contrario, cada vez, con más confianza, se acercaba a ella.

— Hola, hermosa, mi nombre es Salvador.[1]

Atónita de poder escuchar a un venado hablar sin siquiera mover la boca, trató de incorporarse, pero algo la mantenía anclada al suelo. *"¿Cómo es posible que pueda comunicarme contigo?"*, pensó.

— Es posible porque estamos interconectados, y ahora tú estás abierta a aprender. ¿Por qué tu aprendizaje debería ser exclusivo de otros humanos? Tú puedes aprender de todo lo creado, y yo soy parte de esa creación.

---

[1]*Salvador Valadez. Miembro de Alanon (Familiares de Alcohólicos). Un ser humano que ha hecho honor a su nombre.*

La mujer apretó la tabla de acero contra su pecho y no sabía si un venado con tan alta corona de veinticuatro puntas podía dar respuesta a sus dudas.

— Sí puedo, por eso estoy aquí. Tienes razón al pensar que la oración que llegó a ti es un instructivo para la vida, porque esa oración fue inspirada por Dios para sanar a la humanidad y, a como te percibo, es momento de que tú también comiences el proceso.

Este mapa tiene tres palabras claves: ***aceptación, valor, sabiduría****. Cada una de ellas es una elección para cada momento de tu vida, es por ello que necesitarás hacerla tuya de forma consciente e inconsciente, esto te guiará a vivir desde un lugar de paz. ¿Quieres esto para ti?*

— Por supuesto, pero es que estoy tan llena de hollín…

Trató de excusarse.

— El hollín es justamente el que te ha llevado hasta aquí, toda la confusión que crearon el humo y las cenizas son las que te permitirán renacer. Pero vamos a comenzar, porque a las personas no les gusta leer mucho y, si nos entretenemos, corremos el riesgo de que cierren este libro y lo olviden.

*La primera palabra es la **aceptación**, y muchas veces se le da un sentido de sumisión, algo así como "pues ya no hay mucho que hacer, así que no tengo alternativas". Se entiende desde una manera pasiva en donde no tienes ningún trabajo que hacer, pero en este mapa es todo lo contrario: aceptación tiene que ver con rendición y no sumisión. Rendirte es un acto consciente que requiere soltar el control y ponerlo en manos de Dios, entendiendo que Dios es amor infinito, como ya lo sabes.*

***"Siempre que un ser humano no acepta la realidad tangible, entra en conflicto"**. Esta es una frase que me encanta porque yo tardé mucho en entenderla, pero te la explico en la situación que estás viviendo.*

*La realidad es que hubo un incendio, y tú tienes la posibilidad de aceptarlo o no. Si no lo haces, se anidarán en ti sentimientos de rechazo, de resentimiento, de coraje, de odio e impotencia, pero si lo haces y sueltas, te rindes ante la realidad de que viviste un incendio y entras en paz contigo misma. **"La aceptación te libera de los conflictos y dejas de sufrir"**.*

Cuando quieres tener el control en tus manos, entras en una lucha interminable con la realidad: "esto no debería ser así", "esto tendría que cambiar", "esto no pasaría así" y la lista de pensamientos es interminable, porque tus juicios, tus expectativas y tus condicionamientos disfrazan la realidad de la forma en que a ti te gustaría o a ti te convendría.

Pero la realidad es la realidad, nadie puede cambiarla. Cuando la aceptas, te quitas un gran peso de encima, simplemente la contemplas como es, y lo más importante: comenzarás a amarla sin condiciones.

Y ahora viene la segunda parte del mapa, el ***valor*** *para cambiar lo que sí puedes cambiar, ¿y qué es lo que sí puedes cambiar? Solamente lo que depende de ti: tus pensamientos, tus acciones, tus sentimientos, tus deseos, lo que habita en ti. Sólo tienes control sobre eso.*

— ¡Madre mía! He estado haciendo todo al revés.

— No te preocupes, todos lo hemos hecho. Yo quisiera que no hubiera inviernos, porque no hay pasto verde y fresco para comer, pero eso es imposible, los inviernos son la realidad del ciclo de la vida, entonces busco lo que se encuentra en las partes altas de los árboles, y aunque no son mis preferidas para mi alimentación, acepto y amo el invierno.

La ***sabiduría****, que es la tercera palabra en el mapa, es la que todos añoramos. Todos* *queremos llegar a ser sabios, porque el mundo los ha pintado tan elegantes, señores ancianos cargados de experiencia sentados en grandes tronos, o búhos nocturnos que conocen todos los secretos de la noche. El mundo ha dado un lugar muy especial a los que logran conquistar la sabiduría, pero ha sido tan romantizado el concepto... Puedo asegurarte que los niños y los animales pequeños son más sabios que los adultos.*

La sabiduría que este mapa muestra, es una petición que se le hace a Dios para que nos muestre el camino entre lo que podemos cambiar y lo que no. Esta decisión se convierte en la acción poderosa entre aceptar la realidad de lo que no podemos cambiar y el valor que se necesita para lo que sí podemos.

Pudieras estar pensando que este mapa no es tan complicado, pero puedo asegurarte que a muchos nos cuesta desempeñarlo a cabalidad, ya que existen ***cuatro factores en el vivir cotidiano que han influenciado tu forma de pensar:*** *tu entorno, tu familia, la religión que profesas y la escuela, moldeando tu cerebro, limitando tu creatividad. Es por ello que este mapa te llevará a rendirte ante la realidad y amarla tal y cual es, a trabajar en lo único que te corresponde y disfrutar cada momento que tienes.*

Justo ahí, se acercó un cervatillo que brincaba felizmente, haciendo remolinos con la hojarasca quemada del cielo y, riéndose de ella, decía:

— Parece nieve, pero ahora es oscura y me hace estornudar.

Mientras seguía retozando, el venado coronado por dos astas de doce puntas cada una miró a la mujer y dijo:

— Es lo que te explicaba, mi hijo ya encontró una nueva diversión con la realidad que estamos viviendo.

Y, sin decir más, lentamente se alejó de la mujer, mientras el cervatillo lo seguía, dando brincos de alegría.

Capítulo 6

Mapa de destrucción

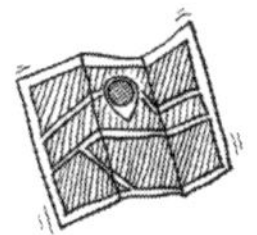

"La inteligencia espiritual es la capacidad de comportarse con sabiduría y compasión mientras se mantiene la paz, tanto interna como externa, sin importar la situación".

Cindy Wigglesworth

Luego del encuentro con Salvador —el venado coronado por dos astas de doce puntas cada una—, la mujer que cada vez tenía menos hollín siguió caminando sin rumbo fijo y sin darse cuenta de que cada vez más se alejaba del área donde ocurrió el incendio.

Estaba feliz de recibir información tan valiosa que realmente sentía como si hubiera salido en la búsqueda de algún tesoro.

Los regalos para el alma inyectaban gozo en ella.

Entendía perfectamente que no sólo se trataba de recolectar tesoros, sino de ponerlos en práctica, y vaya que pronto se le presentó la oportunidad.

Encontró muy cerca a un grupo de salvamento que, sobre una mesa, evaluaba el mapa de destrucción del incendio. No quería interrumpir sus acaloradas discusiones, así que procedió a acercarse con cautela para escuchar lo que decían.

Eran 3 hombres y 2 mujeres con inmensos trajes de bomberos, luchando para darse a entender. Todos hablaban al mismo tiempo, lo cual dificultaba que la comunicación fuera precisa.

— *Te digo que yo tengo más experiencia que todos ustedes, no por nada soy el capitán de la brigada.*

— *Pero eso no importa, porque no has estado en un incendio como este. En cambio, yo sí, es mi tercer siniestro y en todos he salido ileso.*

— *Definitivamente—dijo otro—, el incendio fue provocado por algún niño explorador que no apagó la fogata. Siempre son los extranjeros los que no siguen las reglas.*

— *Yo sé de muy buena fuente que hubo una tormenta eléctrica, un rayo debió haberlo provocado.*

— *Los daños son incalculables, tanto en lo ambiental como en lo económico, los animales han huido y muchos fueron alcanzados por las llamas.*

Mensajes como estos son los que alcanzaba a escuchar entre el barullo y alboroto que ocasionaban. De pronto, uno se percató de su presencia y dijo: *"¡Una sobreviviente!"*, señalándola con el dedo de un guante grueso.

Todos se acercaron a ella y la atiborraron de preguntas. Ella no sabía qué contestar, tan solo sabía que era parte del gran incendio. *"¡Pobre de ti!"*, se escuchó mientras todos guardaban silencio.

La mujer sonrió y dijo:

> — *Aunque vivir el incendio ha sido aterrador, es la experiencia más emocionante que haya sentido.*

— *¿Cómo te atreves a decir eso?*

— *¿Tal vez está afectada de su mente?*

— *Creo que está en shock todavía.*

— *¿Tal vez se le frieron las neuronas?*

— *¿Y si es una piromaníaca y ella fue quien provocó el incendio?*

— *Tal vez sea bruja, por eso todo esto le divirtió.*

Todas las voces comenzaban a exaltarse al hacer estos comentarios.

— No me juzguen, solo soy una sobreviviente del incendio.

— ¿Hay más sobrevivientes?

— Sí, son varios y se encuentran reunidos por allá, tal vez por acá, no recuerdo bien el camino que tomé.

— Vamos, con esta chica no se puede hablar.

Los de la brigada de rescate, al ver que no podían hacer más leña de ese árbol caído, decidieron ir en búsqueda de alguno que sí quisiera ser un héroe o una víctima, porque así podrían justificar su salvamento.

La mujer que sonreía caminó hacia la mesa donde estaba el mapa de destrucción para observarlo. No entendía muchos de los garabatos que veía, así que dio vuelta a la hoja y, al hacerlo, descubrió que al reverso había otro mapa, pero este era muy diferente.

La mujer buscó entre las pertenencias de los brigadistas para ver si encontraba el libro del cual habían arrancado la hoja para hacer el mapa de destrucción y tuvo suerte de hallarlo. Era viejo y desgastado, su portada estaba maltratada y apenas se alcanzaba a leer el título: **Inteligencia Espiritual**.

Le faltaban más hojas al libro, tal vez la brigada lo utilizaba para hacer sus planes de salvamento, pero quedaban algunas ideas en él que rápidamente comenzó a leer.

De pronto, la mujer comenzó a dibujar en otra hoja del libro antiguo —esta vez sin arrancar la hoja— las ideas principales de lo que contenía.

Venimos del Amor y al Amor retornaremos, nuestra experiencia en la Tierra nos lleva a recordar que somos Amor y es por ello que todos tenemos un alma. Decía ahí que el alma pesa 21 gramos, según estudios científicos, y que nos ocupamos tanto de ejercitar y alimentar nuestro cuerpo y nuestra mente que olvidamos hacer lo mismo por el alma. Cuando el alma no es alimentada y nutrida, ejercitada y escuchada, comienza a empequeñecer, como si estuviera desnutrida o deshidratada.

El alma que nos fue otorgada es sacada del Amor y su esencia solo es Amor, como si el Amor se hubiera fracturado en millones de partículas y cada una de ellas acompaña a un ser humano. Así que lo que afecta a uno, les afecta a todos, porque poseen la misma información: "Todos somos uno".

Todos poseemos una inteligencia, es decir, una capacidad para resolver problemas, que lleva por nombre **Inteligencia Espiritual**, *y es la que* *justamente nos ayuda a mantener nuestra alma en buen estado.*

Cuando el alma está nutrida, nos capacita para maravillarnos de todo lo que ocurre a nuestro alrededor, porque al experimentar el gozo de la creación, todo es perfecto, se eliminan los juicios y los prejuicios, incluso las expectativas, porque aceptamos incondicionalmente, la risa se vuelve parte de nuestra vida y cada encuentro se vuelve único en el tiempo y el espacio, por lo que al eliminar nuestra parte egoica, nos abrimos a infinidad de posibilidades.

Nos permite ser universales, comprendiendo que todos somos diferentes y que esas diferencias son las que nos dan riqueza, porque cada uno tiene una parte de la Verdad absoluta. Si quisiéramos imponernos sobre los demás, estaríamos perdiendo la oportunidad de aprender unos de otros.

También, nos alimenta la generosidad y la compasión, porque nos sitúa en una posición de hermandad en donde el sufrimiento de los demás nos mueve a abrazar su dolor en vez de juzgarlo o minimizarlo. Entendemos que cada uno está viviendo las enseñanzas que le permiten regresar al Amor, y que justamente esas vivencias son las que los despojarán de todo lo que los distrae de él. Y como no nos sentimos superiores a nadie, sino que enaltecemos el privilegio de vivir, nos humaniza.

Nos permite, además, vivir plenamente en el presente, tomar distancia de las situaciones que no nos corresponden, y romper con la esclavitud victimista de un pasado que sólo te lleva a sumergirte en el rencor.

Y, por último y no menos importante, nos permite descubrir la misión por la cual fuimos creados y dejar un legado que nos permita trascender.

Cuando terminó de leer y apuntar, la mujer se dio cuenta de que ahora tenía un mapa de deconstrucción. Un mapa que la guiaría en la senda espiritual que tanto buscaba para llegar a ser, lo que su alma anhelaba, un reflejo del Amor.

Guardó cuidadosamente el libro junto con la placa entre sus ropas y pensó en que, por primera vez en su vida, no se sentía perdida, se encontraba en el camino correcto, aunque fuera lejos de casa.

A lo lejos, vio el humo de la chimenea en una cabaña y se encaminó hacia ella, porque ya estaba por caer la noche de nuevo. Mientras lo hacía, con su mano se aseguraba de que tanto el libro como la placa de acero permanecieran con ella, no estaba dispuesta a perderlas ahora que las había encontrado.

Llegó a la cabaña y la encontró vacía, aunque tenía la chimenea encendida y comida en la mesa, por más que buscó no vio a nadie, tampoco respondieron su llamado.

Se dio cuenta de que llevaba mucho tiempo sin comer —sus tripas comenzaron a rugir por el olor de la comida—. Decidió esperar en el pórtico al dueño o dueña de la cabaña para pedirle un poco de pan y, sin querer, entró en un largo sueño.

— ¡Mujer, mujer!

Sintió que la zarandeaban y despertó de golpe.

— Debes estar muy cansada y con hambre, pasa, entra a mi cabaña para que puedas asearte y comer algo.

Pudo distinguir a una mujer hermosa, con una cabellera rubia y llena de rulos, era tosca y no tan de buenos modales, pero tenía algo en particular que te hacía sentir que la conocías de mucho tiempo atrás.

— Luego me contarás todo lo que quieras, ahorita es momento de que te reestablezcas. Yo no cociné nada, mi esposo dejó lista la cena antes de irse, ¡así que ya tenemos la mesa servida!

La rubia soltó una carcajada mientras se limpiaba las botas para entrar a la cabaña.

La mujer, en cambio, sintió por un instante como si ese fuera su hogar y que estaba familiarizada con todo lo que ocurría en ese lugar.

La mujer no paraba de hablar mientras servía la cena y le acercaba un balde con agua para que pudiera lavarse la cara y las manos. Mientras lo hacía, no dejaba de encender un cigarro tras otro, parecía que necesitaba acabar con todo el tabaco del mundo.

– ¿Quieres una cerveza?

— Prefiero un poco de agua.

Soltó la carcajada y dijo:

– Está bien, ya entraremos en confianza.

Le contó en cuestión de segundos que estaba enferma, aunque no lo parecía, que tenía un caballo, un borrego, un perro y un gato. Que le gustaba pasar las tardes montando y llegar lo más lejos que pudiera, que no le gustaba estar en casa porque se sentía un alma libre.

Mientras la mujer de cabellos rubios contaba todo esto, la mujer limpia de hollín comía como si no lo hubiera hecho nunca, el caldo que le ofreció estaba delicioso y no quería desperdiciar nada del plato.

– Bueno, ahora que ya me conoces, salgamos a tomar aire fresco para que me platiques un poco de ti.

Dicho esto, ambas mujeres recogieron la cocina, lavaron los platos, y se dirigieron hacia la parte frontal de la cabaña.

Capítulo 7

Dragón de mil cabezas

"Nuestra verdadera nacionalidad es la humana".

H. G. Wells

Era cierto que el aire fresco le sentaba de maravilla. La mujer de rulos dorados le ofreció una cobija para que estuviera más cómoda. Ya limpia y con comida en el estómago, sintió cómo su cuerpo recobraba fuerzas.

Después de un largo silencio, mientras se acomodaba en una silla de jardín cruzando las piernas en posición de flor de loto, la rubia habló:

– Cuéntame de ti.

La mujer que alguna vez estuvo llena de hollín comenzó a buscar en su cabeza algo que pudiera contarle a su anfitriona sin aburrirla.

— En estos momentos, no sé ni quién soy, ni a dónde voy, ni lo que busco, estoy viviendo un momento tan especial que sólo pudiera describirlo

como cuando estás a punto de abrir un aguacate y no sabes si estará bueno o todo mancillado.

– Vaya, qué poética y culinaria me saliste. En serio, cuéntame qué haces, a qué te dedicas, lo que tú quieras.

— Me da risa cómo hablas, ¿nunca te lo han dicho?

– Pocos se atreven, pero sí sé que mi forma de hablar y de no tener pelos en la lengua incomoda a más de uno.

Las dos soltaron la carcajada.

— Pues, mira, acabo de vivir un incendio, ya debes saberlo porque vives muy cerca de él, y soy de las pocas sobrevivientes. Me he quedado sin nada, aparentemente, pero he descubierto tanto en los últimos días que creo que he ganado más de lo que he perdido.

– ¿Cómo puedes decir eso? Claro que estoy enterada del incendio, si por poco también nos alcanza a nosotros, pero hemos corrido con suerte. Yo no sé qué hubiera hecho si hubiera perdido todo lo que tengo, me vuelvo loca, de seguro... Bueno, más de lo que ya estoy.

— Así pensé yo al principio. Pero el incendio ha sido mi mayor aprendizaje.

– Órale, ¿estás segura de que no necesitas que llame a un doctor?

— Estoy bien, muchas gracias. La verdad, no sabría cómo explicarte todo lo que me ha sucedido, porque aún no termino de digerirlo, pero ahora entiendo que el verdadero incendio, ese que transmuta todo lo que toca, lo estoy viviendo interiormente.

La mujer que permanecía sentada en flor de loto en la silla de jardín encendió otro cigarro y abrió otra cerveza, pues comenzó a inquietarse de a quién había albergado en su casa.

Mientras, continuó hablando la mujer que ya no estaba cubierta de hollín.

— Cuando perdí todo, sentí un dolor tan grande que no podría describirlo con palabras, pero rápidamente comenzaron a aparecer en mi vida sucesos que me han llevado a reconstruir mi interior. Tal vez, esto que te digo no tiene ningún sentido, pero no es sino hasta que te despojan de todo que comienzas a mirar la vida con otros ojos. Estaría bien que no tuviéramos que vivir tragedias como esta para comenzar un camino

espiritual, pero como dicen, nadie experimenta en cabeza ajena.

— No tengo ni la más mínima idea de lo que hablas, mujer, parece que el incendio también carcomió tu cerebro.

— No te asustes, te repito que estoy bien, pero intentaré explicarte un poco de todo lo que está pasando, al menos lo que hasta este momento he podido entender.

Imagina que nos encontramos frente a un dragón de mil cabezas, cada una de ellas son ideas preconcebidas que las hacemos nuestras, porque nos enseñaron a etiquetar cada aspecto de la vida: la muerte, el trabajo, la familia, la educación, la vida social, el rol de las mujeres y los hombres y muchos más que no terminaría de enlistar, por eso las mil cabezas.

Sobre cada uno de estos aspectos de la vida, sabemos qué decir, qué no decir, qué hacer y qué no hacer, es así como funciona la sociedad, una especie de conciencia colectiva que se hereda de generación en generación y que nos obliga a seguir actuando de una forma u otra.

Cuando alguien trata de hacer las cosas de diferente manera, el dragón se pone en alerta y muestra sus fauces para que el miedo le impida hacerlo, entonces lo paraliza y lo mantiene cuestionándose si está bien o mal, si es buena persona o no, perdiéndose así de un regalo maravilloso que Dios le ha dado: la ***autenticidad****.*

– ¡Santo Dios! ¿Eres una profeta o algo así? Todo lo que hablas está en otro nivel.

—No, no soy profeta ni pretendo serlo, ni maestra ni absolutamente ninguna etiqueta que quieras ponerme, simplemente te estoy compartiendo lo que acabo de entender. A mí me cuesta mucho trabajo pensar así ahora, porque siempre había pensado como tú, pero he iniciado un camino sin marcha atrás.

He comprendido que todos somos una creación maravillosa de Dios, de hecho, cada uno es un pequeño reflejo de Él.

Cuando nos encasillamos en reglas sin sentido, por ejemplo: "Todas las mujeres deben de…" lo que quieras, "saber cocinar", "lavar la ropa", "educar a los hijos", perdemos la espontaneidad y dejamos a un lado la intuición. Piensa por un momento cuánto de lo que dices o haces son conductas aprendidas y heredadas con las que reaccionas sin pensar. Tú me dijiste que no te gustaba cocinar, y eso significa que, de alguna forma, tú no quisiste entrar en la regla. ¿Qué dijo tu suegra al respecto? ¿Qué dijeron tus vecinas?

– No, pues, me fue muy mal, me tacharon de floja. Lo bueno es que a mi marido le encanta hacerlo, si no nos moriríamos de hambre.

— Bueno, de eso hablo, eres mujer y no cocinas, pero me imagino que eres muy buena para otras labores. Así nos complementamos, pero desde la individualidad.

Ese dragón del que te hablo, tiene buenas intenciones, al menos así lo educaron, creyendo que su misión de salvaguardar construía una sociedad en donde todos obedecerían, pero siempre había uno que otro que se revelaba ante esas normas. En el fondo de todo está el miedo: si eres obediente al dragón es por miedo, no por convicción; y si te opones a él, es por una reacción de no hacer lo que te dicen, pero sigues en la posición de tomar decisiones desde el dragón. Sin ***libertad****.*

Esta palabra da tanto miedo. Pensamos que, si todos somos libres, podemos dañar a otros, porque ya no habría reglas, pero ahora entiendo que ese no es el sentido de la libertad, porque desde el Amor, las decisiones que tomes no te dañarán a ti ni a los demás, y podrás construir tus propias convicciones y maneras de vivir.

La mujer que ya se encontraba digiriendo toda la información que le había sido otorgada y que ahora no paraba de hablar, continuó diciendo:

— Creo que no se trata de una lucha, sino de un movimiento de paz en donde todos podamos conectar con quiénes somos y, desde ese lugar, tomar decisiones.

– Bueno, mujer, ahora sí que te has descosido, yo solo quería saber qué hacías, pero me has soltado todo un discurso que sigo sin entender.

— Discúlpame, por favor, pero hay tanto qué pensar dentro de mi cabeza... Es como si, finalmente, hubiera podido abrazar al dragón y decirle cuánto lo amo, porque comprendo que su presencia en mi vida era necesaria para que pudiera conocerme en realidad. Ahora, sé quién soy y desde dónde quiero caminar.

A lo largo de la historia de la humanidad, hemos tenido que organizarnos para sobrevivir, pero nos hemos olvidado de lo más importante:

llegar al final de nuestras vidas con la satisfacción de haber sido fieles al propósito con el que fuimos creados.

Cuántos humanos han nacido, obedecido, o rechazado al dragón y partido de este mundo sin conocerse ni cuestionarse sobre las decisiones que tomaron —si eran propias o heredadas—, y eso se me hace muy lamentable. Cuánto ha perdido la humanidad en su historia. Cuánto de lo que hacemos lo venimos repitiendo porque así lo hacían nuestras madres, nuestras abuelas y bisabuelas, sin darnos cuenta de que ya está obsoleto, porque funcionaba en el tiempo que ellas vivieron, pero ahora no tiene ningún sentido. Siento tristeza por el dragón, lo veo tan indefenso y disminuido, él trató de hacer lo mejor que podía con lo que tenía, no lo juzgo.

Los ojos de la mujer incendiada por dentro se llenaron de lágrimas y guardó silencio.

– Bueno, bueno, ¡ya está! Tampoco es para tanto, no puedes convertirte en la salvadora del mundo de un momento a otro. Tampoco te lo tomes tan personal.

— Tienes razón, yo no puedo salvar a nadie, pero sí puedo salvarme a mí misma y, mientras

lo intento, podré contagiar a otros de lo que me ha sido revelado, siempre y cuando sea con el único objetivo de no cambiar a nadie.

Sin embargo, siento que ya no puedo quedarme callada, ¿te puedes imaginar una humanidad viviendo sin culpa, sin miedo, en libertad, siendo creativa, desde el Amor? Me imagino que a tu mente llegaron imágenes de destrucción en donde cada quien hace lo que quiere, porque eso es lo que nos ha inculcado el dragón, pero yo sí puedo ver cómo esta deconstrucción nos puede llevar a una conciencia colectiva en donde reine la paz, la unidad y el Amor.

Tal vez estoy muy soñadora, porque todas estas verdades han llegado a mi vida, pero ¿qué acaso no se trata de esto nuestro paso por la vida?

—Pues, mira, yo estoy tomando cerveza y parece que a ti es a la que se te está subiendo... Mejor vayamos a descansar, que mañana podrás aclarar todas esas ideas tan locas que traes.

La mujer que abraza al dragón de mil cabezas sonrió y agradeció por tener un techo bajo el cual pasar la noche.

No pudo dormir, porque en verdad creyó que era posible un mundo en donde cada voz fuera escuchada y aceptada, en donde se rompieran los estereotipos y las etiquetas para dar paso al siguiente nivel de la humanidad.

En su interior, se sintió conectada con muchos otros que gritaban lo mismo de muchas formas diferentes, y tuvo la certeza de que entre más voces se unieran, más nos acercaríamos a una nueva era.

Capítulo 8

Espectros llenos de hollín

"Somos tan perfectamente y hermosamente diferentes, que tratar de cambiar a alguien para que se acomode a ti es intervenir en un diseño divino que no te corresponde".

Anónimo

El alba llegó temprano y, así, sin dormir, la mujer con grandes sueños en el alma saltó de la cama. Se dio cuenta de que su anfitriona aún dormía, así que, sin hacer ruido, salió descalza a sentir el pasto salpicado de rocío.

Mientras contemplaba el amanecer, se percató de que nunca antes se había sentido tan agradecida por presenciar ese gran espectáculo. Agradecía por las nubes, los rayos de sol, el pasto fresco, las rocas que picaban sus pies, las aves que comenzaban a cantar... A donde volteara, había algo digno de admirar y por lo cual agradecer.

Se acercó a un árbol y lo abrazó pensando en cuánto tiempo había permanecido ahí de pie, sintiendo la salvia que corría por sus venas y que lo inyectaban de vitalidad.

Sin embargo, no se dio cuenta de una gran telaraña que colgaba en una de las ramas, y que justo en el centro se encontraba la araña creadora de esa maravilla. En ese momento, pequeñas gotas de agua colgaban de sus hilos y, a contraluz de la aurora, parecía un vestido de perlas luminosas.

La araña se acercó y le dijo:

> *—¿Crees que ahora todo lo sabes y que el mundo va a cambiar? ¡Déjame mostrarte lo contrario!*

Y, sin más, la envolvió en su telaraña que dejó caer las gotas, y la mujer fue transportada hacia el centro de una gran aldea. La araña patona movía sus patas delanteras, frotando una contra la otra, como si fuera a darse un festín, mientras describía la escena:

> *—¿Ves todas estas casas? Pues, detrás de cada una de esas puertas hay una historia real, no como esas en las que tú andas soñando.*
>
> *Ahí vive Juan, que golpea a su mujer cada vez que regresa borracho. En esa de allá vive Lola, que está postrada en una cama sin poder valerse por sí misma. Más allá vive Micaela que, aunque tiene tres trabajos, no es suficiente para mantener a sus hijos. En lo alto vive Don Eusebio, que explota a sus trabajadores para ser más rico. En ese rincón, viven tres huérfanos que salen a robar todos los días para sobrevivir. Mira cómo va llegando Nicole de trabajar, vendiendo*

su cuerpo a esos hombres con familias que los esperan, pero que ellos se desesperan por sacar sus deseos más oscuros cada noche. ¡Y tú te atreves a decir y soñar con un mundo sin miedo, ni culpa, y además libre! Escuché toda la perorata que contaste ayer y me di cuenta de que tú no has visto lo mismo que yo, por esa razón quería mostrártelo.

De pronto, como si se encontraran en un musical, todos los habitantes salieron de sus casas y se concentraron en la plaza principal. Todos parecían espectros llenos de hollín, como *zombies* —en realidad, no sé si existan los *zombies*, pero todos los hemos visto alguna vez—, con las mentes en blanco, arrastrando los pies, moviéndose rutinariamente, sin rumbo fijo. Si alguno se atravesaba en el camino del otro, se empujaban y decían palabras altisonantes. Todos tenían prisa, no tenían tiempo de mirarse.

Al verlos, se reconoció. Ella era, había sido, no sabía si todavía lo era o no, uno de ellos. Así se veía antes del incendio, pero después de él, aunque sí estaba verdaderamente llena de hollín, se sentía más consciente que nunca.

— Y así están todos los pueblos, todas las ciudades, todos los países. Hasta el día de hoy, no he conocido "Felicilandia" como tú pretendes, esto es la realidad. ¡Deja de soñar, niña tonta, y despierta de una vez por todas!

La mujer que sintió amor al ver el amanecer, esta vez no lloró, sino que sintió cómo el fuego interno se enardecía cada vez más, sintió cómo ella misma era un incendio incontrolable. Pero su incendio era de compasión.

— Tienes razón, querida araña, me duele tanto como a ti, entiendo por qué querías mostrarme esto. Pero, mira, pon atención, tal vez tú no te has percatado de algo que yo veo. Si observas bien, cada una de estas personas tiene una luz en la frente, son de diferentes colores y algunas brillan más que otras, y si volteas la cabeza hacia arriba, observa cómo de ella sale un rayo casi imperceptible hacia el cielo y otro que los conecta los unos con los otros.

¿Lo ves? ¿Te das cuenta de que, aunque parezcan espectros llenos de hollín, en cada uno hay una posibilidad que los conecta con lo divino?

La araña dejó de frotar sus patas y abrió los ojos para tratar de ver lo que la mujer del mundo feliz veía. Se frotó los ojos con las patas delanteras y volvió a mirar para decir con voz triunfante:

– Es cierto, nunca lo había visto.

—Ahora, pon más atención. ¿Ves en esa esquina a esa persona que está encendida y no tiene hollín? Espera, hay otra por allá, y una más bajo el puente, ¿las puedes ver? Ese de allá tiene un podcast, aquel da conferencias, esa mujer puso un albergue. Aquella que sigue en su casa, en su escritorio, está escribiendo un libro en estos momentos. Se han puesto en marcha.

Observa cómo al entrar en contacto con los que tienen la luz opacada hacen que su brillo sea más fuerte, ¿lo estás viendo?

La araña asintió completamente asombrada.

– Sí, qué extraño, ¿y esos quiénes son?

— Ellos son los que se han cuestionado, los buscadores de respuestas.

– ¿De dónde sacaste ese nombre?

— No lo sé, se me acaba de ocurrir.

La mujer se ríe porque se da cuenta de que es un buen nombre para ellos y continuó:

—Nada está perdido, lo que acabas de mostrarme significa que hay mucho trabajo por hacer, pero

que todos, potencialmente todos, tienen una luz que los conecta con lo divino y con la humanidad. ¿Conoces al Cristo que fue crucificado?

La araña no entendió e hizo una mueca de ignorancia.

— No importa. Cristo es el hijo de Dios, quien visitó alguna vez la Tierra, y trajo muchos mensajes de amor de Su padre que aún seguimos sin entender. Al final, nos dejó un símbolo con la esperanza de que un día cobrara sentido para todos, ese símbolo es una cruz. Esa cruz está compuesta de dos maderos, uno que apunta al cielo y otro que apunta a sus hermanos, los hombres. Si la humanidad no avanza en esos dos sentidos, permanecerá hundida en su miseria.

Así como el Cristo, han venido muchos otros a dejarnos mensajes, pero tanto hollín no nos permite darnos cuenta. Y no siempre son grandes iluminados, a veces lo ha sido la señora de la tienda o el padre de familia que, con su ejemplo, van sacando el hollín de su cuerpo.

La buena noticia es que muchos están intentando limpiar el hollín. Y aunque no pueden cambiar a nadie, porque eso me lo enseñó un venado de veinticuatro puntas llamado Salvador, sí pueden, con su vida y su lucha, mostrar a otros que es posible realizar cambios. ¿No te parece una buena noticia, querida araña? Por cierto, ¿cuál es tu nombre?

La araña soltó una enorme sonrisa y respondió:

— Me llamo Reina, ¡no sólo las abejas pueden llevar ese nombre, créeme! Quiero ofrecerte una disculpa por haber sido tan brusca, necesitaba mostrarte lo que yo veía.

— No te angusties, me da tanto gusto que hayas tenido el valor para hacerlo. Ahora, regrésame al árbol porque tengo que seguir mi camino.

— ¿Y cuál es tu camino?

Preguntó la araña para ver si podía acompañarla.

— No lo sé, ¡y estoy ansiosa por descubrirlo!

En un abrir y cerrar de ojos, ya estaban las dos de regreso junto al árbol que las esperaba gustosamente, porque el abrazo que le había dado la mujer hizo que su salvia acelerara su paso, como si tuviera un corazón.

— Gracias, querida araña. Gracias, hermoso árbol.

La mujer dijo esto y regresó corriendo a la cabaña. Entró atropelladamente, extrañamente feliz, y vio que la mujer que había estado perpleja toda la noche preparaba café.

— ¡Hola! Qué bueno que sabes hacer café, huele delicioso.

— Bueno, tampoco es para tanto, hacer café es sencillo, además con las cervezas que me tomé anoche y con todo lo que me dijiste traigo la cabeza enrollada, como mis rulos.

— Así me siento yo, y sin cerveza.

Se rieron y sentaron en la mesa, solo que antes de comenzar el desayuno, la mujer que no sabía cocinar, pero sabía preparar café habló primero:

— ¿Qué piensas hacer ahora?

— Seguir, caminar, avanzar. Ahora me dejaré llevar, no tengo idea de a dónde iré, a quién conoceré, pero sé que ya no me antepondré a la vida, quiero ser dócil a lo que mi intuición me dicte.

— Pues, mujer, no dejo de pensar que te faltan algunos tornillos, pero me encantan las personas que andan sin ellos, porque los dejaron tirados en el camino. ¿Seremos amigas?

— ¡Por supuesto! Siempre estaré agradecida por lo que has hecho por mí, además no siempre encuentras a otra loca que le falten tornillos.

Las dos soltaron la carcajada y comenzaron a hablar de todo y de nada. Al terminar el desayuno, la mujer que sabía preparar café y le faltaban tornillos, dijo:

— Antes de que te vayas, pasa unos días conmigo. Quisiera que me platicaras más de todo eso que dijiste anoche, creo que me hará bien cambiar de perspectiva.

— ¡Ahora estás hablando como yo!

Nuevamente, se rieron y la mujer que no se antepondrá a la vida dijo:

— Claro que sí, será un placer, así podré encontrar más claridad en toda esta revolución que explota dentro de mí.

Los siguientes días, se dedicaron a montar a caballo, alimentar a los animales, a cuidar la hortaliza... Y cada actividad que tenían, cada cosa que hacían, cada conversación que entablaban, las llevaba a conectar y poner en práctica las grandes enseñanzas del incendio, de Dios, de Salvador, la placa de acero, el libro viejo y la araña Reina.

Capítulo 9

El legado del Fuego

"Solo se vive una vez, pero si lo haces bien, una es suficiente".

Mae West

Existen semillas inactivas que necesitan del fuego para su germinación, a esto se le conoce como **"El legado del Fuego"**.

Esto es lo que me pasó a mí.

Necesité grandes incendios para que semillas que no pudieron germinar de otra forma, lo pudieran hacer.

Cada incendio en nuestras vidas, deja lecciones de gran magnitud. Puedes optar por quejarte eternamente y ser víctima del fuego, o puedes cultivar las semillas que de él emergen.

Debo confesar que no ha sido tarea fácil, ni tampoco difícil, es simplemente la decisión de seguir caminando. He tenido momentos terribles en donde me he sentido muy vulnerable, he forzado a mi corazón a sufrir tanto que peligra una huelga definitiva.

No he sido un buen ejemplo, porque constantemente me tengo que deconstruir y, en realidad, no lo hago para ser ejemplo de nadie, sino para sobrevivir y dar sentido a tanto incendio.

En este caminar, me he encontrado con personas maravillosas que comparten su sabiduría conmigo. Algunas han sido de forma presencial, otras en su escritura y muchas más a través de la tecnología que nos permite acercarnos a otros buscadores de respuestas.

Para concluir, quiero decirte algo:

No te conozco, ni siquiera sé si hay alguien detrás de estas líneas.

Este libro lo escribí para mí con la ilusión de que pudiera servir de linterna a otros. Si es cierto que estás del otro lado, sólo espero que mis reflexiones, mis aprendizajes, mi rompecabezas aporte piezas que completen el tuyo.

Puedes estar en desacuerdo en mucho o poco de lo que digo, y eso es increíble, será parte de mi aprendizaje. Solo te pido que me mires con compasión, porque tan sólo soy una sobreviviente de incendios.

No pretendo enseñar ni descubrir nada, tan sólo compartir mi vivencia. Y que este libro sea un punto de encuentro, como dije al principio, para que sigamos aprendiendo los unos de los otros hasta que nos encontremos en Felicilandia.

Deseo que tu camino y tu caminar sea ligero. Y cuando no sea así, que encuentres refugio en tu interior, porque ahí están todas las respuestas.

Con amor, Maye

Semblanza y datos de contacto

Maye Quintanilla Tapia nació en la ciudad de Monterrey, Nuevo León, México.

Su educación académica es:

- Lic. en Ciencias de la Información de la Universidad de Monterrey (UDEM)
- Certificada en Implementación de Habilidades Socioemocionales y Metodológicas por CONOCER
- Certificada como Instructora y Diseñadora de cursos por CONOCER
- Escritora
- Facilitadora de retiros de crecimiento espiritual
- Conferencista

Socia fundadora de tres empresas:

1. Recoveco LMS
2. Fórmate con Masuli, S.A. de C.V.
3. Maye Quintanilla MR.

Ella explica que es difícil definirla, ya que ni ella misma lo logra hacer, el cambio es parte de su día a día y su mayor cualidad es explicar de forma simple lo complicado.

Ha sido una apasionada en estudiar la Inteligencia Espiritual y ha desarrollado un método para ejercitar estas cualidades que son natas al ser humano.

Su propósito fundamental es transmitir que existe una manera de vivir plenamente, y esa es desde nuestra esencia y lo que podemos aportar en la diversidad, ya que en cada uno de nosotros —ella expresa— fue depositada una parte de la verdad absoluta.

También, es coautora del libro TOP 25 Coaches 2023 de la comunidad de Mujeres Deam Boss (MDB), siendo *bestseller* en México y Estados Unidos.

Web: **mayequintanilla.com**

LinkedIn: **Maye Quintanilla Tapia**

YouTube: **@mayequintanilla3776**

Facebook: **@MayeQuintanilla**

Instagram: **@mayeqt**

Made in the USA
Columbia, SC
04 October 2024

42923159R00054